Helmut Glatz

Waldportier und Distelblüte

Komboloi

neue Gedichte

Zum Buch

Wie die Perlen beim Komboloi, dem griechischen Glasperlenspiel, so sind auch hier –in Band 2 der Gedichtsammlung Komboloi - Gedichte in bunter Folge aneinandergereiht. Auch hier wieder: Gedichte, heiter und ernst, lässig und nachdenklich, manchmal lakonisch, stachlig und widerständig. Gedichte, die einladen zu einer abwechslungsreichen, nicht ganz stolperfreien lyrischen Wanderung.

Zum Autor

Helmut Glatz (1939-2021) war Lehrer und Schulleiter an verschiedenen Orten in Oberbayern, schrieb Kinderbücher und Theaterstücke, gründete 2004 den Landsberger Autorenkreis und war Spielleiter und Hausautor der Marionettenbühne „Puppenspiel Am Schnürl e.V." in Kaufering. Eine Auswahl seiner Werke: „Professor Mistelmiefs gesammelte Ungereimtheiten", „Hösens" (gemeinsam mit Daniel Ableev), „Mein Hut, mein Onkel und ich", „Gurnemanz", „Herr Grieskötz und Herr Wunderlich", „Heilige unheilige Weihnachtsgeschichten von hier und anderswo" sowie Band 1 der Gedichtsammlung „Komboloi".

Helmut Glatz

Waldportier und Distelblüte Komboloi neue Gedichte

Originalausgabe

Covergestaltung: Haakon Auster
Coverbild: Daniel Ableev
Illustrationen: Helmut Glatz
Printed in Europe
ISBN 978-3-96448-061-3
www.autumnus-verlag.de

Vorwort

Als Komboloi (von „Knoten“) bezeichnet man in Griechenland kleine Kettchen aus Perlen, die auf Fäden aufgereiht sind. Je nach Ausführung bestehen die Perlen aus Holz, Metall oder Glas, aber auch aus Mineralien und Edelsteinen.
Obwohl die Kombológia manchmal als „orthodoxe Rosenkränze“ bezeichnet werden, haben sie keinerlei religiöse Bedeutung, sondern dienen als Fingerspiel, Zeitvertreib, auch als persönlicher Glücksbringer. Die Glückssymbolik leitet sich von dem Knoten ab, durch den das Kettchen zusammengehalten wird.
Das griechische Komboloi besteht meist aus 9 mal 9 Farbsteinen, wobei sich in jeder Abteilung die Reihenfolge der Farben (denen jeweils ein bestimmtes „Thema“ zugeordnet ist) wiederholt.

INHALT

Herbstwind

Ackerfurchen wie die Saiten einer Harfe
Strohballen - vom Himmel gefallene Trommeln
Der Herbstwind braust über das Land
Den Bäumen gehen die Blätter aus
Die Felder fliehen die Hügel hinauf
Alles ist nah und fern zugleich
Der Wind treibt die Farben fort
das helle Gelb das frische Grün
Am Waldrand bleiben sie liegen und verwelken
Im Holz schlägt die Axt
Wenn ich gehe schwankt der Boden unter mir
die Steine kriechen wie Käfer über den Weg
Ich weiß es geschieht etwas
es muss etwas geschehen
Woher sonst die Aufregung der Bäume
die flüchtenden Käfer
der Vogelschlag in der Luft?
Die Ackerfurchen - angeschlagene Saiten
die Strohballen – dröhnende Trommeln
Der Herbstwind braust über das Land

Erscheinung am Abend

Am Abend liebte sie
die zerschmelzende Zeit
Sie kochte die Stunden noch einmal auf
ein Schaum lilafarbener Erinnerungen

Später trat
von Schweigen umhüllt
ein Engel aus den Vorhängen
und küsste ihren
bebenden Mund

Am Anfang war die Zeit

Am Anfang war die Zeit
die Zeit schuf den Raum

Ich denke dass ich durch den Raum gehe
aber ich gehe durch die Zeit

Ein Spinnennetz schaukelt zwischen den
Halmen
Ich beobachte ein Spinnennetz das
zwischen den Halmen schaukelt
Eine Spinne tanzt auf den Fäden
Ich beobachte eine Spinne die auf den Fäden
tanzt

Die Zeit hat sich den Raum geschaffen
wie ein Kleid in dem sie sich bewegt
in dem ich mich bewege

Der Raum schaukelt zwischen den Halmen
Eine Spinne tanzt auf den Fäden
Ich bin eine Spinne die auf den Fäden tanzt
die Zeit tanzt auf den Fäden im Raum
Ich bin die Zeit

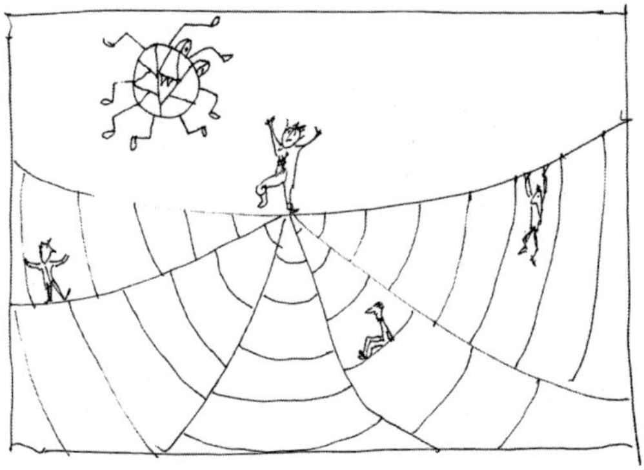

Sonntags am Wehr

Am Sonntag hing immer
diese Stille über der Stadt
Wir lagen auf den Kieseln
lasen ein Buch
tranken Wortflüssigkeit

Eine Brücke war da
rauschendes Wasser
Sonnenregen auf unserer Haut
Droben die Mauersegler schrieben Romane
kühne Gedanken

Schmerz unter den Füßen
Wortaugen am Flussgrund
Wenn wir die Kiesel aufschlugen
tropfte Zeitblut heraus

Irseer Pegasus

An der Türe zur Telefonzelle
das Pferd mit den Flügeln
Der Maler hat es mit den Hufen
an die Felsen geschmiedet
damit es nicht wegfliegen kann
Eskapismus ist das Merkmal
heutiger Kriminalromane hat jemand gesagt

Wie ich das Haus betrete
drängt sich der Wind herein
Schnell schnell sagt er
mir ist kalt
Dieser Hall in den Gängen dieser Hall
durch die Deckengemälde ins Unendliche
hinaus
Eine Vierflügelanlage sagt er
und noch keinen Millimeter
geflogen Eine Fehlkonstruktion

(Auf der Türe zur Telefonzelle im Kloster Irsee
bei Kaufbeuren befindet sich ein barockes
Pegasus-Bild.)

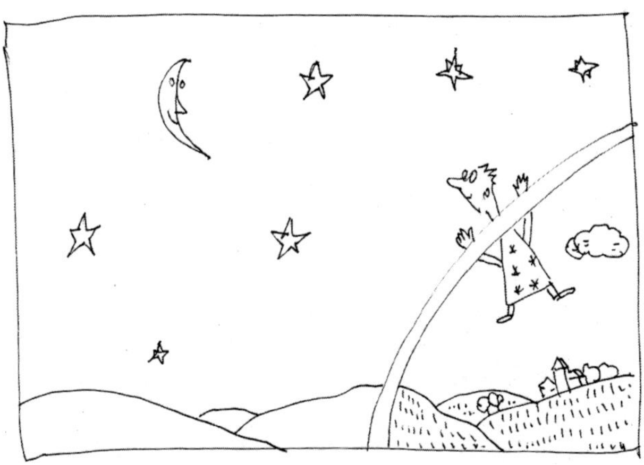

Interpretation eines Gedichts

Auf den Seziertisch mit ihm
Schnitt
Zuerst das Äußere
Reim und Rhythmus
kupiert
Dann der Inhalt heraus
Metaphern Gedanken
Die restliche Masse
extrapoliert analysiert
durch den Interpretationswolf gedreht

Operation misslungen
Glückwunsch Herr Kandidat!

Auf der anderen Seite der Erde

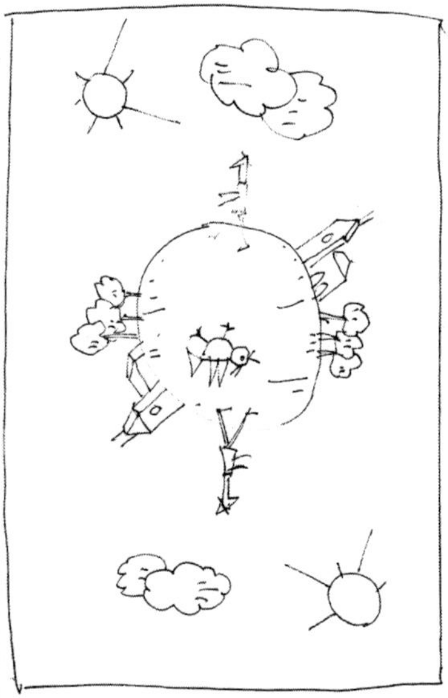

Auf der anderen Seite der Erde
wo die Menschen mit den Köpfen nach unten
laufen
fallen die Blätter der Bäume direkt in den
Himmel
über den rosa Wolken ziehen
duftend wie Glockenläuten

Auf der anderen Seite der Erde
wo die Menschen mit den Köpfen nach unten
laufen
sind lauter die Rufe der Jäger
ist stiller der Schmerz in den Augen der Tiere
strömt röter ihr Blut hinauf in den Himmel

Auf der anderen Seite der Erde
wo die Menschen mit den Köpfen nach unten
laufen
beschreiben die Horizonte den Himmel mit
seltsamen Zeichen
behütet vom blassen Mond
und seinem Begleiter dem Abendstern

Auf der anderen Seite der Erde
wo die Menschen mit den Köpfen nach unten
laufen
sitze ich und die Töne meiner Flöte
fallen direkt in den Himmel

Audienz

Aus jedem Wort das ich in meinem Garten säe
wächst ein Büschel Gedanken
Manche paaren sich und bringen neue
Gedanken hervor
andere verwelken und verfaulen
Wieder andere fliegen in den Gedankenhimmel
hinauf
wo sie sich mit den Engeln unterhalten
Einer meiner Gedanken hatte letzthin
eine Audienz bei Uriel dem Erzengel
Sie unterhielten sich über die
Existenzberechtigung Gottes
und die Legitimation des Papstes
Über das Ergebnis wurde Stillschweigen
vereinbart

Bad Wörishofen

Bad Wörishofen
völlig vertulpt den Stadtbach entlang
Der Frühling ist mal wieder vorbeigekommen
Die Ober tragen Hemd und Frack
weiß wie Milchschaum schwarz wie Kaffee
und irgendwie duften sie auch
Himbeerrot die Fliege am Hals
Man könnte einen Spaziergang machen im
Stadtpark
wo noch Schneereste vor sich hinweinen
Diese Farbenpracht sagt jemand
Diese Farbenpracht man muss sie ertragen
Dieser Tulpenspaziergang zwischen zwei
Anwendungen

Noch eine Weile
irgendwann
ist auch dieser Frühling vorbei

Beim Blick in den Spiegel

Beim Blick in den Spiegel
manches gefunden:
Landschaften
Gesichter
auch meines darunter

Trüb vom Abendhauch der Erinnerung:
Frühe Fahrten
Fahnen im Wind
Nächte am Feuer

Büchner gelesen Krolow und Trakl
Eine Spur gezogen
durch Zeit und Vergangenheit
Auch ein paar Stürze darunter
Mir vorgenommen
hinter den Spiegel zu schauen
Morgen
vielleicht

Blaue Pause

Blaue Pause auf der Waldlichtung
durchsponnen von Fliegengesirr
Schmetterlinge hier und dort
(tragen auf den Flügeln die Welt)

Blaue Stunde in diesen Tag eingebettet
Hier sitze ich und balanciere
die Sekunden auf meinen Zehenspitzen
ein Hauch von Debussy vom Weiher herüber
nicht mehr als ein flüchtiger Kuss in diesem
Traum eines Nachmittags

Knopfgedicht

Da hocken sie in ihren Löchern
die Knöpfe
In jedem Loch ein Knopf
Wie Einsiedlerkrebse
den gelben Neid im Blick
Wir sind es die für Ordnung sorgen
sagen sie und starren eifersüchtig
auf die Reißverschlüsse
Wir sind es die die Welt zusammenhalten
sagen sie
Und dabei ist es doch nur das Hemd
das ohne sie zu flattern begänne

Das Beste

Das Beste aber ist das Nicht-
Geschriebene das Nicht-
Gehörte das Nicht-
Gelesene

Embryonen im Innern der Nuss
        Rapunzel im Turm
        Hänsel im Käfig
Auch heute noch werden Hexen verfolgt
Bücher verbrannt
Weisheiten vernichtet
wird Gewachsenes zerstört
Unkraut gejätet

Ihr Hass aber ist am größten
auf die nichtgeschriebenen Bücher
die nichtgedachten Gedanken
das nicht gelebte Leben

Cellokonzert

(Dvorak, H-moll)
Das Cello ist sein Boot
auf dem er das Meer der Musik befährt
Aufrecht stehend
an den Bogen gebunden
singt er das Lied
von Liebe und Tod

Unter ihm das Meer der Geigen und Bläser
ab und zu ein Klarinettenvogel
ein fliegender Geigenfisch
tief unten die Wale

Durch den aufrauschenden Applaus
erreicht er die Klippen
das rettende Ufer

Vom Anfang der Welt

Der Anfang der Welt ist ein Punkt
auf dem Schreibtisch des Mannes
der am Schreibtisch sitzt

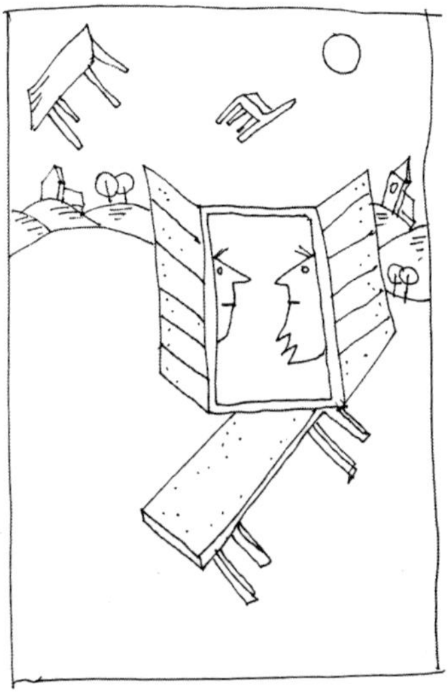

Eine Gestalt nicht jung und nicht alt
Ein Gedanke ist aus seinem Gehirn gesprungen
und ist Punkt geworden
Der Mann steht auf und öffnet das Fenster
da fliegt der Schreibtisch hinaus
und zieht einen Horizont um sich

Und der Punkt wird zur Welt
und der Schreibtisch zum Ich
und der junge alte Mann wird zum Gehirn
und wohnt in mir
Und das A wird zum Land
und das E wird zum Meer
und das O wird zum Mond
und das U wird zum Mund

und wir reden miteinander
und lachen und singen
und erschaffen die Welt

Rote Grütze

Das is nix hat er gesagt
und hat es zerschnitten
das Gedicht
Konsonanten Vokale Phoneme
was eben so dazu gehört

Da hätte man aber noch was
draus machen können sage ich
Ja - ein Kochrezept
Rote Grütze zum Beispiel
Im Stechschritt
unterm Brandenburger Tor

Zwei Vokale sagt er
die meisten deutschen Wörter
haben zwei Vokale (ein paar Konsonanten
dazwischen)
Im Tiergarten an der Philharmonie vorbei
Im Stechschritt
Preußens Gloria voran
Wie Feldhasen sprangen sie davon
als die Zeit von den Bäumen fiel

Man muss es zerschneiden sagt er
alles
Die Stadt die Sprache die Welt
und Rote Grütze draus machen

Das Maisfeld abgeerntet

Das Maisfeld abgeerntet
Die Stoppeln wie der Dreitagebart
eines schlafenden Riesen
Der Herbst hat sich in eine Krähe verwandelt
fliegt über das Land
Krah krah
Schwarz ist mein Kleid
schwarz sind die Bäume
schwarz bist auch du
im Abendrotschein

Ich stehe da mit ausgebreiteten Ästen
und ziehe die Blätter ein
es friert mich an den Wurzeln
Krah krah
schreit der Herbst
Die Welt ist schlecht
Missgunst und Neid
Krankheit und Krieg

Und der Riese liegt da
und träumt vor sich hin
Höre Riese
wo sind deine Ohren?
Wo sind deine Augen?
Er liegt da und träumt
und deckt sich mit Weißlaken zu

Das Meer atmet ein und aus das schlafende Tier
oder
Was man mit Wörtern alles machen kann

Man kann sie aufblasen
Man kann sie in Papiertüten füllen
Man kann Pullover daraus stricken
Man kann Pistolen damit laden
Die Bärenjagd mit Wortkanonen ist verboten
Nur Schwarzfischer fischen mit schwarzen Worten
Schwarze Wörter sind verboten
Schwarze Wörter kann man zu schwarzen Pullovern verstricken
Schwarze Pullover kann man aufblasen
in Papiertüten füllen in Wortkanonen laden
Mit schwarzen Pullovern kann man schwarze Pullover stricken

In der Nacht ist auch die Nacht schwarz
das weiß jeder

Der erste Käfer

Der erste Käfer in diesem Jahr
Cincidela hybrida
Schmuck sieht er aus
mit seinem helmbewehrten Kopf
dem edelsteinbesetzten Rückenschild
Während ich noch schaue
hat er mich längst bemerkt

Du musst wissen
Käfer haben eine besondere Antenne
mit denen sie Signale empfangen
aus dem Weltall
vom Käfergott

Das kann ich mit meinem Gott nicht
Meine Antennen reichen nicht so weit
oder die Sendeleistung ist zu schwach
Jetzt hat er sich unter einem Stein verkrochen
Unbehelmt gehe ich weiter

(Cincidela hybrida = Sandlaufkäfer)

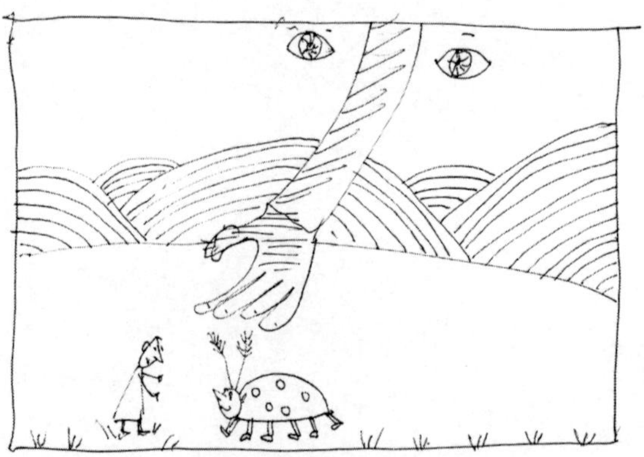

In Wien in Wien in Wien

Der Kaiser der Erzherzog die Hofgesellschaft
ihre Paläste stehen da der Bewohner beraubt
im Ring um die Burg
Schneckenhäuser
leere Gewölbe
    1806 lebten in Wien 250 Adelsfamilien
    50 von hohem Adel 200 von niederem
    6000 Lakaien 500 Juden
Heute hausen sie in den Stuben
hinter den Stiegen Mezzaninen und
Durchhäusern
    Es wurde deutsch illyrisch und böhmisch
    gesprochen
Sie schauen fern und gehen Sonntags im Park
spazieren
    1806 besaß Wien zwei staatliche und drei
    private Theater
    Bei Schikaneder wurde Mozart gespielt

Das Radfahren im Hof ist verboten
Kinder sind an der Leine zu führen

Der Literaturbetrieb im Englischen Garten

Der Literaturbetrieb
lustwandelnd im Englischen Garten:
Peter Paul Althaus und Oswald Malura
Karl Valentin mit der Liesl am Arm
Das zertretene Gras richtet sich wieder auf
das Alarmsystem der Ameisen
wird abgeschaltet

Hinter uns Zigarettenrauch
Die menschliche Nase riecht ein einziges
Molekül noch in
zweihundert Meter Entfernung
Jogger Hunde
Th. Th. Heine mit seiner Bulldogge
Mit großen Schritten eilt Robert Walser vorüber
die Bergwelt wie eine Luftschlange hinter sich
herziehend

In zweihundert Meter Entfernung sitzen zwei
Moleküle
auf den Stufen des Monopteros
Jogger und Hunde Auch Küsse
München leuchtet sagt jemand

Schöne neue Welt

Der Teich abgelassen
dem Karpfen die Augen ausgestochen
Drüben die Häuser die Kirche der Himmel
(die Kirchtürme sind auch nicht mehr das was
sie einst waren)

Wo sind die Schwäne die Reiher die
Märchenerzähler?
Wo der Milan kreiste ist jetzt ein Gewerbegebiet
Hoch auf dem Berg der Riese
das Ungeheuer mit dem blinkenden Einaug

Sie kehren zurück
die vertriebenen Götter die
Blitzeschleuderer in den Nächten höre ich sie
wandern
das Heulen das Hundegebell
Dat ero ni uuas
noh ufhimil noh sunna ni scein

Die Märchen die Mythen die Lieder
den Fröschen ins Maul den Mäusen zum Fraß
Schöne neue Welt

(Zitat aus dem Wessobrunner Gebet)

Der Waldportier auf der Distelblüte

Der Waldportier
auf der Distelblüte hockt er
und öffnet mir die Türe
Bitte eintreten sagt er
in das Haus mit den tausend Säulen
die unten die Erde festhalten
auf denen oben der Himmel ruht

Eine Vorstellung in der Kühle des Morgens:
Gesang des Lichts auf der Birkenrinde
Tanz der Schatten im Moos
der Salto mortale eines Buchenblatts

Nach der Vorstellung
mit dem Choreographen
ein Schwätzchen gemacht
oder auch nicht

Immerhin
Herr Waldportier
sagen sie ihm unbekannterweise
einen schönen Gruß
und Auf Wiedersehen bis zum nächsten Mal

(Waldportier – Schmetterling von der Gattung
der Augenfalter)

Welch ein Sommer

Der weiße Fluss stößt mit den Zehen
gegen die Schmetterlinge
dass sie aufrauschen eine bunte Wolke
Ich fahre den Gedankenstrom hinab
Am Ufer die Häuser
geblümt und mit prächtigen Hüten
Welch ein Sommer!
Ein Hauch von Paris Rilke und Rosen
Schirme im Wind blühende Fahnen
Die Worte auf der Promenade
drehen sich nach mir um
lachend während ich schamhaft erröte
Welch ein Sommer!

Windrosenbotschaft

Die Dichter sollen dichten
und keine Botschaften aussenden
Die Windrose sollen sie blühen lassen

Komm Dschinn komm
trage mich hinaus in die Welt
nach Ost und West und Nord und Süd
Im Osten tauchen wir ein
in den schwarzen Jurtengesang
Im Norden stricken wir weiße Pudelmützen
für dein rotblondes Haar
Im Süden graben wir die Wüstenrosen aus dem
goldenen Sand
Im Westen aber holen wir das blaue Wasser des
Lebens
die Rose zu gießen

Zeit und Ferne

Die Seefahrer aber
(Vespucci zum Beispiel)
fuhren hinaus
und durchstießen mit
dem Bug ihrer Schiffe die Zeit
fuhren hinaus
in Welten
die niemand vorher gesehen hat
und keiner je sehen wird

Wir atmen die Ferne ein und messen die Zeit
mit dem Schlag unseres Herzens
In den Augen der Libellen aber
Das Wetterleuchten fremder Welten
das Donnergrollen des Niemalsgottes

Atlasgebirge

Die Stille war so laut
dass man jedes nicht gesprochene Wort hörte
Wie eine Schüssel lag das Land unter uns
Die Hähne krähten
rot flackernde Bänder
Distelvölker zogen den Berghang herauf

Der Horizont war lila von Einsamkeit
Ein blauschillernder Käfer am Weg
trug die Weltkugel auf seinen Flügeldecken
Schreiend warfen wir uns in die Stille
schlossen die Türen des Autos
fuhren davon

Disposition

Diese Disposition hatte er schon
von Geburt an mitbekommen
diese Disposition zum Menschsein
Er hatte auch schon Gedichte gemacht
die Wörter angestochen
dass die Buchstaben herausfielen
herauspurzelten wie Erbrochenes
Später wurde er Metzger
War immer schon angetan von der
Röte der Flamingos in Rilkes Gedichten
Er hatte eine Affinität zu Flamingos
Wenn sie flogen
waren sie schwarzweißrote Fahnen am Himmel

Brahms - Variationen über ein Thema von Haydn

Diese Tropfen
die da in die Stille fallen
rund und prall
gefüllt mit Klang
wie sie die Wirklichkeit aufwühlen
Schreien Stapfen Stampfen
siebzehnmal das gleiche Thema
wie wenn er etwas
suchen würde
und jedes Mal Neues findet

Am Brunnenrand steht er
mit seinem Bart
und wühlt darin herum
und sucht etwas
siebzehnmal und mehr
das Thema von Haydn
der heilige Antonius hilft ihm
Hei wie die Töne springen!

Irgendwann taucht er auf
aus dem Wasser
die Melodien hängen in Strähnen um ihn
herum
Haydn
da ist er!

(Variationen über ein Thema von Haydn, op. 56 a)

Veränderungen

Diese unmerklichen Veränderungen allerorten
Häuser die plötzlich den Standort wechseln
Bäume die heimlich durch die Nacht streifen
Straßen die sich im Dunkel verlieren

Wo ist die Orientierung hingekommen
wenn die Zeiger der Kompasse hilflos rotieren
Gehirne den Besitzer wechseln
Gedanken zu Sturzflügen ansetzen?

Und dann
das unheimliche Rauschen im Gefieder der Zeit
Die sozialen Netze werden eingeholt
die Speckgürtel enger geschnallt
die Gesetze unter den Teppich gekehrt

Wo sollen wir uns hinwenden
wenn die Hügel Purzelbäume schlagen
die Flüsse sich in ihren Betten wälzen
verzweifelte Standortfaktoren
am Straßenrand winken?

Wir halten uns fest an den taumelnden
Schatten der Alleebäume
Nur die Unbeständigkeit hat Bestand
nur das Niegewesene wird sein
nur das Vergangene wird kommen
nur das Fließende gibt Halt

Dinge nicht tun

Dinge nicht tun
Den Wecker stellen
einfach so um nachher
weiter zu schlafen
Sich verabschieden ohne zu gehen
Ein Gedicht nicht schreiben
Ist Sichverabschiedenundnichtgehen eine
Tätigkeit?

Auf den Fensterscheiben liegt Raureif
Blüten aus frostigen Gärten
Fraktale von Mandelbrot
Ich liege im Bett wie ein Eisberg
Sechs Siebtel Schlaf ein Siebtel wach
Sind sechs Siebtel Schlaf Schlaf?
Sind nicht geschriebene Gedichte Gedichte?
Gibt es Menschen die keine Menschen sind?

Waldstück

1
Bach
aus den Felsen gesprungen
das Wasser noch voll vom
Murmeln verborgener Geister
Licht in die Wellen geflochten

Der Himmel hängt voller Gedichte
auch kritische
Waldbrandgefahr

2
Schmetterling vor mir auf dem Weg
mit aufgeschlagenen Flügeln
Göttliches Dreieck
auf zerbrechlicher Luft
Ich lasse mich tragen

3
Im Wald
geflügelte Pferde
ihre Nüstern am Birkenstamm reibend

Die Birke
wie kokett sie sich wendet
im Sonnenlicht
Seht her meine Rinde
weiß wie ein Traum
wie ein Brautkleid
Seht her das Auge Gottes ruht auf mir
der goldene Falter

4
Wenn am Horizont die Wolken ziehen
fällt ein winziges Stück Himmelsbläue herunter
ein Sternenstaubkorn
weiß niemand woher

5
Durch den Wald abwärts
Streifen grünen Lichts zwischen den Bäumen
der Klang des Echos
noch lange in mir

Was ist ein Schriftsteller (Aufklärung einiger Irrtümer)

Ein Schriftsteller ist nicht das was er schreibt
Ein Schriftsteller versetzt sich in andere
Situationen und Menschen hinein wie der
Käse ins Toastbrot Ein Schriftsteller muss nicht
auf der gerade opportunen Welle schwimmen
oder dagegen er muss überhaupt nicht
schwimmen
Ein Schriftsteller besteht aus zwei Gartenstühlen
die durch Leerzeilen miteinander verbunden
sind
Ein Schriftsteller ist immateriell
Er wird manchmal in leeren Keksdosen
verschickt
Ein Schriftsteller ist ein Alibi für Verbrechen
die nicht begangen wurden
(Die Wirklichkeit ist ein sich selbst fressendes
Ungeheuer)

Ein Vogel fliegt über das Land

Ein Vogel fliegt über das Land
    ein Wolkenvogel
    ein Abendvogel
In seinem Schnabel trägt er die Träume
in seinem Gefieder nisten die Märchen

Ein Baum steht auf dem Hügel
    ein Wunschbaum
    ein Sehnsuchtsbaum
In seinen Zweigen schläft der Mond
unter seinen Wurzeln ruhen die ungeborenen
Kinder

Am Fluss trinkt der Mond
die Tränen der Fische
die Sehnsucht der Bäume

Wie wieder ins Lot kommen?

Einen Augenblick nicht aufgepasst
schon hat man das Gleichgewicht verloren
und hängt kopfüber in der Gegenwart
Wie wieder ins Lot kommen?
Hesse lesen
oder Wittgenstein
vielleicht
Oder einfach fallen lassen
in diese Sekunde des Schwebens
vielleicht von einer Wolke aufgefangen werden
vielleicht

Der Maler

Er betrachtete die Leinwand
wie wenn er durch sie hindurchsehen könnte
auf die nebligen Felder auf den Herbst
auf die Blätter am Boden
Er hatte nur eine begrenzte Anzahl
von Motiven zur Verfügung
Drei Orangen ein Krug
am Abend die Tänzerin
da waren die Früchte bereits aufgegessen
Und dann die Farben Kobaltblau Aquamarin
man hätte Gedichte daraus machen können

Wenn die Sonne durch das Fenster fiel
leuchtete die Leinwand
Drei Orangen – fast zu viel für einen
Sonnenuntergang
Eine Tänzerin auf schwarzer Klippe
von der er sich hinabstürzte
in jenes Etwas
das hochauflodernd über ihm
zusammenschlug

Er bewegte sich im Ungefähren

Er bewegte sich im Ungefähren
Seine Existenz war wahrscheinlich
aber nicht gesichert
Ein Reisepass ein paar Stempel was ist das schon
Wenn er sprach oszillierten die Wörter
Sie wechselten ihre Bedeutung
Buchstaben tauschten die Plätze
Aus Regen wurden Wege
aus Wurzeln Wanzen
aus Kadetten Krawatten
Die ganze Welt kam in Bewegung
Riesen die sich Kadetten um den Hals banden
Wurzeln die den Wegen das Blut
aus den Adern saugten und ähnlicher Unsinn

Es war die Zeit als die Löwenzähne
auf den Wiesen schwammen der Duft
des Frühlings hinter den Faltern herströmte

Zu dieser Zeit stand er stundenlang auf der
Brücke
die keine Brücke mehr war
und starrte in das Wasser
das kein Wasser mehr war
sondern flüssig gewordene Gegenwart
aus deren Wellen ihn der Morgen anstarrte

Er bewegte sich im Ungefähren
Er bestieg den Kahn
trieb den Sommer hinab
durch die ergrauten Wälder
die Heimat der Sehnsucht
Sehnsucht die ihn hinwegtrug ins Ungefähre

Das Spiel zerbröselt im Mittelfeld
(Mitschnitt eines Fußballnachmittags)

Er hat ein Auge für den Mitspieler/ taktisch allererste Sahne/
die Ecke brachte nichts ein/ er hat für Wind gesorgt und
Bewegung ins Spiel gebracht/ es riecht stark nach Verlängerung/
er hat ihn im hinteren Bereich ersetzt/ sie lösen den Libero auf/
er beeindruckt mit seiner Ballbehandlung/ er übersiedelt ins Mittelfeld/
der Schiedsrichter ist immer auf Höhe des Balles/ er bringt seine Kopfballstärke ins Spiel/
das Stadion jubelt/ er holt einen Freistoß heraus/
er dirigiert den Ball in Richtung Tor/ er hat einen Treffer markiert/
er legt ein immenses Laufpensum zurück/ er kann sich nicht in Szenen setzen/
beim Abseits haben Zentimeter entschieden/ er ist noch nicht in Tritt gekommen/
die Sturmspitzen hängen in der Luft/ die Mannschaft fährt den nächsten Konter/
sie haben die Lufthoheit im Strafraum/ er geht im Mittelfeld unter/
die Verantwortung wird weitergeschoben/ er steht im Blickpunkt des Geschehens/
er spielt einen hängenden Rechtsaußen/ das Spiel zerbröselt im Mittelfeld/
und wieder einmal heißt die Endstation Max Meier

Merke: Kerzen im Strafraum sind immer gefährlich

Arabesken

Er konnte sie lesen
die Arabesken
die die Bäume in den Himmel schreiben
Der Himmel ist ein Loch
in das Tuch deines Glücks gerissen sagte er
Das mochte für Bäume gelten
für die Raben vielleicht
für das Gras
in dem die Schneereste weinen

Wenn man mit dem Fuß gegen einen Baum
schlägt
ertönt sein Schrei in die Zweige hinauf
Wenn man mit dem Fuß gegen den Himmel
schlägt
zerreißt das Tuch und das schwarze Blut quillt
heraus
Sterne wie Tränen

Die Arabesken beschreiben diese
Tabula rasa sagte er
Dieses Nichts aus Schwärze und Blut
gerinnt zur Schrift
Eine Schrift die Geschichten schreibt
in die Leere des Universums
Eine Schrift auf deren Spuren
die Menschen umherirren wie Ameisen
Man müsste die Geschichte des
Universums noch einmal schreiben sagte er
in diesen unendlichen Himmel hinein

Komet

Er schrieb in der Bezirksliga
Mit diesen Gedichten können Sie nie
in die Landesliga aufsteigen
sagte man ihm
Immer nur Mond und Horizont
und manchmal ein Sternchen dazwischen

In der Christnacht sah er den Kometen über
dem Friedhof
einen auseinanderbrechenden leuchtenden
Punkt
Ein abstürzender Satellit
sagte man ihm

Heutzutage macht sich die Menschheit
ihre Kometen selber

Im Getränkemarkt

Er zahlte mit einem Zwanzigeuroschein
Die Verkäuferin nahm ihn nicht an
Aber ich habe ihn gerade auf der Bank
abgehoben sagte er
Er sprach mit russischem Akzent
Die echten glitzern sagte sie der glitzert nicht
Er war nicht echt
Als er durch die Ladentüre nach draußen ging
löste er sich auf
nur Luft nur Licht

Es gab eine Zeit

Es gab eine Zeit
wo alles eins war
Es gab kein Plus und kein Minus
kein Dur und kein Moll
kein Voll und kein Leer
kein Land und kein Meer
kein Rot und kein Blau
keinen Mann keine Frau
Es war alles eins

Du schwindelst!

Auch wir waren eins sagte Gott
Da schwieg der Teufel

Magische Orte

Es gibt magische Orte
wo sich die Zeit umwendet
und selber betrachtet
Unter uralten Bäumen
sitzt der uralte Weise und verkündet uralte
Weisheiten
Was ist das Geheimnis der Welt frage ich
Zweiundvierzig sagt er
(er hatte Adams gelesen)

Ein Specht drüben im Wald
hackt die Sekunden in den Stamm
Eine Schnecke setzt zum Hundertmeterlauf an
Die Blätter der Bäume träumen vom Herbst
Was ist das Geheimnis der Ewigkeit frage ich
Die Stille sagt er

Verdacht

Es liegen Verdachtsmomente vor
Er hatte gedacht
Er konnte es nicht entkräften
Es liegen Verdachtsmomente

Er hätte Pessoa gelesen
den Zauberberg die ganze klassische Schreibe
Es liegen Verdachts

Als er noch ein Kind war
spielte er mit Zinnsoldaten
schnitt sich Bärte aus Zeitungspapier
und klebte sie ans Kinn
den Schnauzbart von Hitler
den Spitzbart von Ulbricht
Es liegen

Nun züchtet er Kakteen
Es

Frühe Fahrten

Es war die Zeit
als auf den Türmen die Fahnen der Sehnsucht
wehten
am Horizont die endlosen Fernen uns winkten
als wir am Straßenrand lagen
bedeckt von der Kälte der Nacht
Wir hatten den Rauch des Feuers im Haar
das Echo der Lieder wiegte uns in den Schlaf
nie waren die Sterne so nah

Wenn wir am Morgen aufwachten
erfroren und hungrig
tanzten wir uns warm zum Koboldsgesang
schüttelten uns den Tau aus dem Haaren
tranken die Welt

Sonnenuntergang

Es war einer jener Sonnenuntergänge
bei denen das Meer aufzulodern scheint
Protuberanzen
die seine Seele entflammten
Er stürzte an den Tisch und schrieb ein Gedicht

Er konnte sie riechen die Farben
die aus dem Himmel tropften
himbeerrot und johannisbeerschwarz
Sie krochen das Ufer herauf
fluteten über die Terrasse
schnappten nach seinen Füßen
Ich fresse den Tag schrie die Brandung
Ich fresse die Nacht schrie die Gischt

Da merkte er dass er keine Schuhe anhatte

Wortwölfe

Es war schwierig
mit ihm zu parlieren
Wir blickten über das Tal zu den fernen Hügeln
hinüber
Er kaute immer lange an den Wörtern herum
Sie schmecken nicht alle gleich sagte er
manche ganz gelb andere bräunlich
Schwabseits rollte das Land in weiten Wogen
heran
brach sich am Steilhang
Wenn man sie aufbeißt quillt ihr
Bedeutungsinhalt heraus sagte er
wie Ketchup aus der Tube
Unsere Blicke umarmten das Tal
Wortwölfe
wir zwei
gierig nach Sprache

Später am Lechufer Steine gesammelt

Waldernte

Hier eine Schneise dort eine Schneise
und dort wieder eine
für den Harvester
Autobahn durch den Wald

Bäume entastet entrindet entkleidet
auf vorbildliche biologische Weise
Zuletzt: Arm ab und Beine
und Krone und Kopf

Hier eine Schneise dort eine Schneise
Ich wandere durch die Zwischenräume
und höre sie seufzen
die geschundenen Seelen
Noch hausen sie in den Wäldern
die gefallenen Götter
schlagen mit den Finken um die Wette
singen in den Kronen der Bäume
träumen im Tollkirschensaft

In den Städten aber
reißt man die Kirchen nieder
verbrennt die Altäre
löscht die Kerzen aus
sehnt sich im Discolicht
nach dem ewigen Leben

Krähen

Hierhin
und dahin
und dahin
und hierhin
Er ging hin und her wie ein Pendel
aufgehängt in diesen unsichtbaren
Nebelwänden
Die Natur ist ein Teil von uns sagte er
Wir dürfen uns ihr nicht entziehen
Wenn die Krähen über uns hinwegfliegen
sind wir Teil ihrer Schwingen
Das Schwarz ihrer Augen rumort in unserem
Innern
Er warf einen Blick in den Himmel hinauf
Sein Blick war nicht gleichmäßig
das linke Auge war etwas heller als das rechte
Nichts auf der Welt ist gleichmäßig sagte er
Wenn die Krähen mit dem einen Flügel
schneller schlagen als mit dem anderen
beschreiben sie einen Kreis um die Welt

Sommerlied der Birke

Ich bin die Birke
Schaut mich nur an
mit meiner weißen Haut
schneeschimmelweiß
mondstirnenweiß
    Wer ist die Schönste im ganzen Land?
    frage ich den blauen Himmelspiegel
    frage ich das schwarze Spiegelmoor
Meine Blätter zittern
Mit tausend schillernden Flügeln
tanze ich im Wind
    Du bist die Schönste im ganzen Land
    sagt der Himmelspiegel
    sagt das Spiegelmoor
Im Herbst werfe ich meine Kusshände
in den Spiegelhimmel hinauf
in das Spiegelmoor hinab

Ich bin von Gedichten umgeben

Ich bin von Gedichten umgeben
Auf der Gardinenstange hocken sie
im Garten zwischen den Stiefmütterchen
stecken sie
Wenn ich spazieren gehe fliegen sie mir um den
Hut
Es ist ein steifer schwarzer
den ich von Magritte ausgeliehen habe
Ich trage stets ein Schmetterlingsnetz bei mir
(besonders bei Mondschein)
Damit fange ich sie und spieße sie auf
für meine Sammlung
Aber nein!
Ich habe gar keine Sammlung
und kein Schmetterlingsnetz
Ich fange sie mit der Hand und
auch
das
ist
gelogen

Jenseitsmenschen

Ich dachte es seien
Motorradfahrer
aber als sie anhielten
und die Helme abnahmen
merkte ich dass es
Menschen waren

Wenn man sie irgendwo aufschnitte
würde Zeit herausquellen
Geschwindizeit
Sie tranken Spezi
dann hüllten sie sich wieder
in ihre Lederpanzer
und starteten knatternd
in die Sphären
skurriler Jenseitigkeit

Mein Freund der Regen

Ich saß unterm Schirm
zusammen mit meinem Freund dem Regen
Er erzählte und erzählte
Einen ganzen Roman von Tristram Shandy
neun Bände
mäßig spannend

Diese feuchte Kühle
diese feuchte Kühle war das
was er unter Kultur verstand
er mit seinen grauen Strähnen
und den wässrigen Falten

Nun begann er
Pfützen zu bilden
freute sich wenn die Sekunden
herunterplatschten
Kindisch auf seine alten Tage
dachte ich

Am Kreuzweg

Ich stehe am Kreuzweg
und meine Gedanken
hüpfen dahin und dorthin
und kommen zurück
und fliegen wieder davon

Die Erde ist klein wie eine Sekunde
und eine Sekunde ist groß wie ein Stern
Und der Raum ist Zeit geworden
und die Gedanken weiden auf der Wiese
und schreien mäh mäh
und hocken auf den Dächern
und schreien kräh kräh

Ihr seid unfolgsam sage ich
Wir sind du sagen sie
Du bist die Wiese du bist das
Dach du bist ein Stern
Und der Raum ist Zeit geworden
und hat unter uns gewohnt

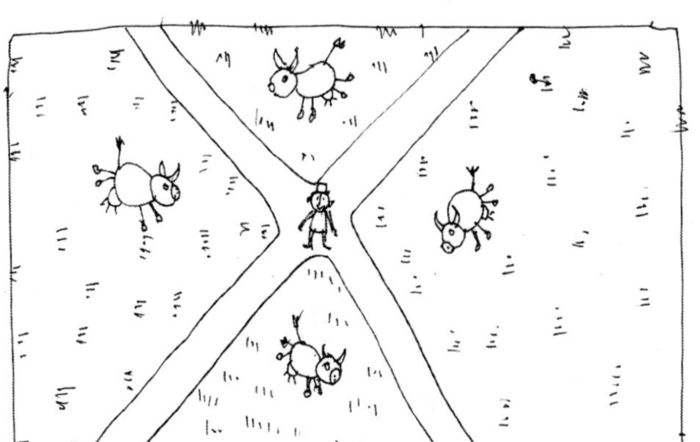

Im Nebel verloren gegangen

Ich wanderte hinein immer
blasser werdend und dann
war nur noch der Nebel da und dieses
Knacken im Moos das
Husten des Kuckucks das
Atmen der Stille
Als die Sonne den Nebel
vertrieb tauchte ich wieder auf
gewann an Substanz war
wieder wie vorher doch
seltsam verändert

Was wäre die Welt

Ich weiß Fliegen sind dazu da
mir in die Augen zu fliegen
Steine sind dazu da
mir in den Weg geworfen zu werden
Wege sind dazu da
mich in die Irre zu führen

Was wäre die Welt
ohne Wege ohne Steine ohne Fliegen?

Vergangene Tage

Ihr Tage
ihr vergangenen Tage
Wie Schmetterlinge aufgespießt
eine Sammlung vergilbter Kalenderblätter
(auch eine Form der
Vergangenheitsbewältigung)

Einst
einst wart ihr
voller Farben Geräusche Gerüche
Bilder und Zeichen
zum Platzen aufgebläht

Still
still steht die Zeit
Wir bewegen uns in ihr
Wanderer aus der Vergangenheit in die Zukunft

Manchmal
manchmal bleiben wir stehen
und blicken erschrocken
in die Augen der Gegenwart

Frühjahr im Stadtpark

Im Frühjahr ist es gefährlich
durch den Stadtpark zu gehen
Wie leicht tritt man auf einen brütenden
Dichter
Und dann der Gestank!

Überhaupt diese Schreibwerkstätten
in denen die Dichter befruchtet werden
auf dass sie goldene Eier legen

Ich bücke mich
und hole sie schnell unter ihrem Hintern hervor
die Gedichte
und renne davon
bevor sie in eine Anthologie
hineingeschlagen werden

Im Jahr des Krähengesangs

Im Jahr des Krähengesangs
begannen die Sterne zu wandern
begannen die Steine zu blühen
begannen die Flüsse zu glühen

Bahnhöfe hatten ihre Haltestellen vergessen
Städte machten sich auf die Suche nach ihren
Vorfahren
Dinslaken Bochum Castrop-Rauxel
Ich warf ihre Namen in die Lostrommel
Nieten sagte das Schicksal

Hinter Bernkastel-Kues traf ich auf
Gegenwind Regenwind Regenkind
Ich warf die blühenden Steine in den Fluss
und flog hinauf in die Nacht

Wo warst du so lang krächzten meine Brüder
krächzten meine Schwestern
Werden zu dir kommen und wirst sie träumen
müssen
werden zu dir kommen alle die schon gegangen
sind
wirst sie träumen müssen bis in alle Ewigkeit

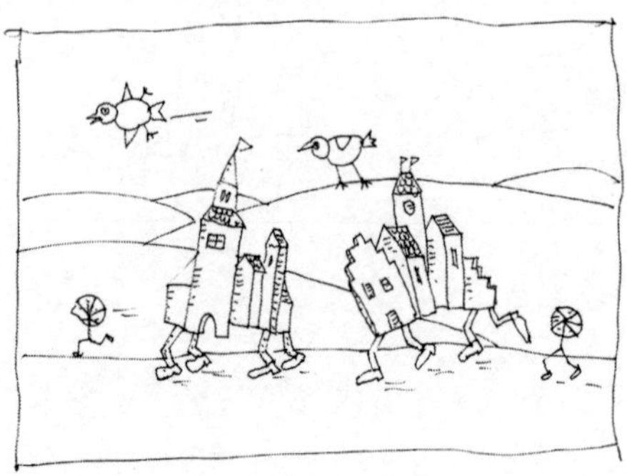

Pegasus

Im Mirabellgarten den Pegasus dreimal
umschreiten
Narzissen tönen gelb im fahlen Laub
gegen den Uhrzeigersinn
die Nase im Wind
und aus dem Schatten klingt der Flöten Klage
dann bist du ein Dichter
Am Rasengrund des Sonnenlichtes Staub
oder auch nicht
Trakl hat ihn umrundet
Käthe Kruse
und der Alte vom Walde
an diesem heitren Frühlingsvormittage
auch ich
leider
vergeblich

(Bezieht sich auf das Pegasus-Denkmal im Salzburger Mirabellgarten: Wenn man es dreimal umschreitet, wird man ein Dichter. – Die Zitate von Trakl.)

Im Wald

Im Wald roch es immer ein wenig
nach Improvisation
Die Welt ist nicht das
was sie ist sagte er
ein einziger großer Egoismus
der Durst nach Feuchtigkeit
der Hunger nach Licht

Später schritten wir
über die Bedeutungsebene
Sie schwankte ein wenig
unter unseren Füßen
Die Wörter sind nicht das
was sie sind sagte er
sie riechen immer
ein wenig nach Improvisation
dieses Streben nach Licht
diese Sehnsucht nach Feuchtigkeit
ein einziger großer Egoismus

In einer Ecke meines Gartens

In einer Ecke meines Gartens saß sie
die Zeit
ein schwarzes Tuch um den Kopf
Sie war eingeschlafen
(bitte nicht wecken!)

Die Sekunden standen
über den Ringelblumen
unbeweglich
auf Beute lauernd
bereit sich herabzustürzen
auf diese Gegenwart
die ich durchmaß mit angehaltenem Atem

Später erwachte sie
Ich sah noch aus der Ferne
wie sie davonschritt
das Tuch auflodernd
in blauschwarzen Flammen

In ferner Zukunft wird man ihn entdecken

Jemand wird die Schublade öffnen
und wird ihn finden
den Seefahrer
auf der Fahrt in das Glück
Mit schmalen Ärmchen rudert er
das Segel zerrissen
der Mastbaum gebrochen
so rudert er
und die Wellen schlagen hochauf
über den Rand der Schublade hinweg
und bespritzen ihre Gesichter
die sich neugierig darüber beugen
und der Sturmwind bellt
und die glücklichen Inseln
sind noch fern
jenseits der Welt
jenseits der Zeit

In meiner Jugend

In meiner Jugend
fuhren die Radfahrer durch die Luft
(fern am Horizont gingen sie auf
wie der silberne Mond)
seltsame Lieder reisten von Feuer zu Feuer
Märchen wuchsen aus dem wirbelnden Rauch

In meiner Jugend
waren Gebirge da wo heute Ebenen sind
zwischen dem Farnkraut
hockten geflügelte Höhleneingänge
in die hineinschlüpfen konnte
wer das Zauberwort wusste

In meiner Jugend
konnten die Steine reden
die Grashalme singen
die Birken küssten die Wanderer auf sonnigen
Wegen

In meiner Jugend
war ich ein Grashalm
ein Märchen
ein Lied

Verkleidetes Land

Irgendwann
beschließt das Land
sich zu verkleiden
Es wirft ein weißes Laken
über die Häuser
darin ausgeschnitten
die Fenster für die Augen
obenauf die Pudelmütze
und die Ohrenschützer

Wenn die Sonne kommt
legt sich ein Hauch von
Transzendenz auf die Landschaft
durch die ich wandere
ein Gedanke
auf zwei Beinen

Rund

Irgendwann wurden die Messer stumpf
mit denen er seine Bartstoppeln rasierte
Irgendwann wurden die Worte stumpf
mit denen er seine Umwelt maß
die Farben die Laute
ja selbst seine Bewegungen wurden stumpf

Es war wie wenn alles aus Rundungen bestünde
Die Bäume die Straßen der Briefkasten
die Rundschreiben im Büro
Bitte ein Rundschnitt sagte er zum Friseur
Bei einem Rundumschlag sterben
30 Millionen Gehirnzellen
hatte er einmal gelesen
Es bräuchte tausend Millionen Rundumschläge
rechnete er aus
bis sein Hirn leer wäre
grau und stumpf wie die
Farben die Laute die Bewegungen
Selbst das Grau des Herbstes war rund

Jeden Morgen

Jeden Morgen um halb Sieben
wachte er nicht auf
trank nicht die milchige Frühe
ging nicht in den Garten
rechte nicht das Vogelgezwitscher zusammen
hängte nicht den Sonnenaufgang an die Leine

Jeden Morgen fand der Morgen nicht statt
Nur das geschieht was geschieht in dir
Nur das was geschieht in dir
geschieht

Im Traum stürzte er zum Wasserhahn der krähte
trank von der atmenden Kühle
Dichtung ist da um tropfende Hähne zu stillen
Früher hatten sie dunkeläugige Prinzessinnen
mitgebracht
die dann auf ihren Burgen verwelkten
Es sind die Nächte in denen die Hähne krähen
die Brunnen leuchten
das Mondlicht aus dem Himmel fließt

Gedicht am Waldrand

Jedesmal wenn ich
auf den Weg zum Waldrand einbog
traf ich auf ein Gedicht
Es war immer das Selbe
reimlos
von mittlerer Länge

Es begleitete mich eine kleine Weile
unterhielt mich mit seinem Geplapper
beobachtete hier einen Schmetterling
zupfte dort eine Himbeere vom Strauch
bevor es mich wieder verließ

In den letzten Tagen ist es ausgeblieben
Nur Wald nur Weg
die Schmetterlinge vom kühlen
Windhauch vertrieben
Es wird Herbst

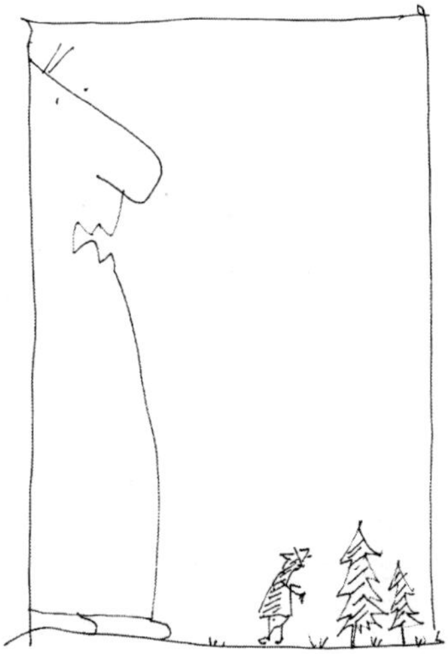

Genuss

Kein duftender Cappuccino
und kein Stück Torte
bitte
ohne Schlagsahne
Das lass ich mir schmecken
auf der Caféhausterrasse
jenseits der Zeit

Sagbares - Unsagbares
(Thema mit Variationen)

1
Lege deine Hand auf den Rücken der Sprache
in die Wölbungen der Wörter sagte er
und sie werden zu springen beginnen
wie junge Pferde willst sie fangen
mit deinem Gestammel
die Horizonte
nach ihnen werfen Pegasus
lässt sich nicht zähmen

2
Irgendwann entdeckte er sie die
Wölbungen im Weltgefüge Löcher
in die Dunkelheit hinein
Der Urknall ist kein Ausstoß von
Licht sagte er sondern von
Dunkelheit und er dauert
immer noch an
ein Metaphernfresser
permanente Singularität

3
Er lebte vom Geschmack der Wörter
spürte die Wölbungen
der Zeit auf seiner Zunge
Was ist Gegenwart anderes als
lebendig gewordene Zukunft sagte er
Vergangenheit das weggeworfene
Jetzt Ich bewunderte ihn wie er
über die Schneide der Gegenwart balancierte ein
Äquilibrist immer in Gefahr
abzustürzen ins Ungesagte
Unsagbare

Letzte Fliege

Letzte Fliege
Überbleibsel einer längst schon
abgewrackten Armada
dem Schweißbrenner entronnen
in die Transzendenz
meines Zimmers geflüchtet

In Panik irrst du
verwirrtes Raumschiff
durch den Kosmos meines Zimmers
den Kammerton suchend
Nachhall des vergangenen Sommers
Hinter deinen Facettenaugen
in den Haltegurten
die toten Astronauten
die durchgedrehten Navigationsgeräte
die erkalteten Batterien

Letzte Fliege
jetzt liegst du
rücklings auf dem Fensterbrett ich höre
die Schweißbrenner zischen und denke
auch du

Geschenk an die Götter

Lyrik ist Schmuck der Sprache Geschenk
den Göttern dargebracht
Sie darben in verkommenen Winkeln
Wertstoffhöfen und Gewerbegebieten

Oh ihr Götter wohin sollen wir unsere
Steuern zahlen wenn ihr nicht mehr seid?
Mit Zins und Zinseszins für alle unsere
Verfehlungen
seit Anbeginn der Welt?

Lyrik ist unsere Steuer die wir euch
hinterziehen
seit Anbeginn der Welt
Könnt ihr uns verzeihen?

Manchmal träume ich

dass der Himmel wie eine Silberplatte über der
Erde liegt und dass sich die Erde darin spiegelt
und unter der Erde liegen Meere und Länder
und Inseln die nach Safran und Kardamom
riechen
und ich bin ein Vogel der die Sphären
durchstößt und Botschaften von einer Welt in
die andere trägt

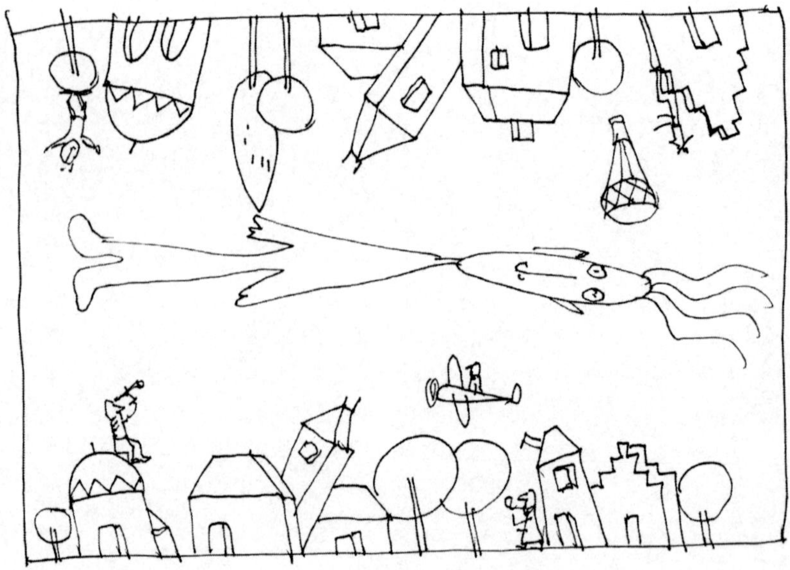

Ereignis

Mit einem Knall prallte der Käfer
auf den Balkonboden
Natürlich auf den Rücken
auch Käfer haben Pech

Ich half ihm auf
ein dicker Blattkäfer
grüngolden funkelnd wie der
Schlussakkord einer
Fantasie von Ravel

Als ich ihn über die Brüstung warf
sprang sein Käfermotor an
Er brummte davon
in den sich öffnenden Tag

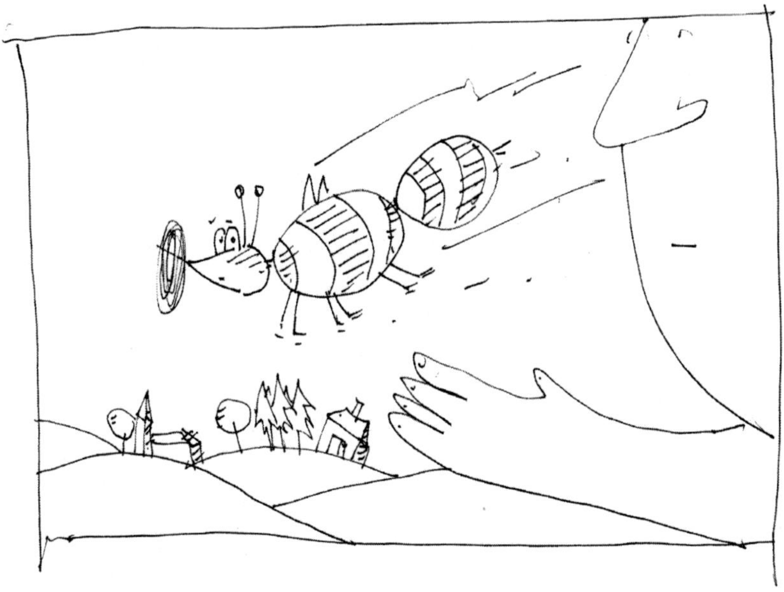

Im Regen

Mit Wikipedia spazieren gegangen
Es regnete
Gemeinsam unter einem Schirm
sie hatte sich untergehakt sie zitterte
Wenn man zitiert so richtig sagte sie
Ich zitiere mich immer selber sagte ich
da kann man nichts falsch machen

Wir wanderten den Zauberberg hinauf
Auch im Regen kann Literatur
schön sein sagte sie
Regen bringt Segen sagte ich
Unten bog gerade die Postkutsche um die Ecke
Wie schön die Regentropfen
auf das Schirmdach klopfen sagte ich
Seurat sagte sie Akustischer Pointilismus
In diesem Augenblick
kletterte Thomas Mann aus der Kutsche
die Weltkugel auf den Schultern
Ziemlich nass stellte ich fest
Kein Wunder bei diesem Regen

Gesang auf meine Schuhe

Nicht ist es egal
in welche Schuhe ich schlüpfe
Der eine rechts der andre links
das Weltkind in der Mitte
so wandere ich
im Gleichgewicht meiner Schritte
durch diese Zeit durch diese Welt
auf Horizonten die da schwanken

Haus und Heimat sind sie
meinen Füßen
Gefängnis auch den Zehen
Zellengröße 43
Wir wollen hier raus
Freiheit Freiheit schreien sie und
trommeln gegen Kerkerwände

Nachts knurren sie im Hausflur
das Maul aufgesperrt wie wilde
Tiere Der eine links
der andre rechts
so teilen sie die Welt nach alter Sitte
in Plus und Minus Dur und Moll
Gut und Böse Gott und Teufel

Mal trete ich die Welt mit meinen Füßen
mal heb ich sie empor
mit jedem Schritt
Erde und Luft Hölle und Himmel
Du sollst die Erde auf den Händen tragen
anstatt sie mit Füßen zu treten
sagte einst Lutz Gemthal leise
Wie weise

Blauweißer Wurm

Ob in München oder Wien
ob in Tokio od Antalya
immer bist du da im trüben
Morgenlicht des frühen Tages
kleiner Wurm blauweiß gestreift
in deiner Sträflingsuniform

Herausgeschlüpft aus dem Gefängnis
auf die Borsten hingebreitet
eine Raupe noch und doch
der Schmetterling in dir der Duft
von Pfefferminz und Meereswellen

Du lässt meinen Mund aufschäumen
Schaum dem meine blanken Zähne
nackt entsteigen
nackt und duftend
wie einst schäumend Aphrodite

Oh wie bist du lang
mein Wurm
Kommst nach München oder Wien
oder Tokio od Antalya
reichst -gefühlt - wenn du befreit bist
reichst wohl dreimal um die Erde
sie mit deinem Duft umspannend
Pfefferminz und Meereswellen

Im Morgenlicht des frühen Tages
geh zum Frühstücksraum ich runter
schamlos meine Zähne zeigend
wie einst schäumend Aphrodite
den Tag behauchend mit dem Duft
von Pfefferminz und Meereswellen

Achilleion
(auf Korfu)

Olivenwälder dem Meer entstiegen
Unter den Strahlen der Nachtsonne
ziehen sie den Berghang hinauf
Oben im Palast spielt der tote Kaiser
mit seinen Kriegsschiffen
Mantje Mantje timpe te sagt er
Ük bin Kaiser ük will zurücktreten
Ük bin Papst ük will zurücktreten
sagt der Papst
Ük bin der liebe Gott
ük will zurücktreten sagt der liebe Gott

Unter den Strahlen der Nachtsonne sitzen sie
und spielen Schiffe versenken
und das Schicksal schaut ihnen zu

Rauchzeichen über meiner Stadt

Rauchzeichen über meiner Stadt
Manche Leute meinen es seien Wolken
aber es sind Hilfeschreie
Seufzer der geschundenen Erde
hinaufgesandt zu den Göttern

Als ich mich aufmachte sie zu suchen
fand ich den Himmel bevölkert von
neunschwänzigen Teufeln
Aufsichtsräten und Börsenmaklern
Fröhlich zechend saßen sie beisammen
Sie boten mir einen
Verwaltungsratsposten an gut dotiert
Wer
frage ich euch
hätte da nein gesagt?

Samstag

Samstag
sechzehn Uhr
und alles Tagwerk vollbracht
Wie alle Sinne
kann auch der Zeitsinn
müde werden

Ach wir Zeitblinden
kennen nicht den Duft der Sonnenuhren
das Krähen der Wetterhähne
die Schattenschritte der Bäume
Wir stehen da ohne Zeiger
vom Zifferblatt umrundet
und immer noch Samstag
und immer noch sechzehn Uhr
und immer noch
immer

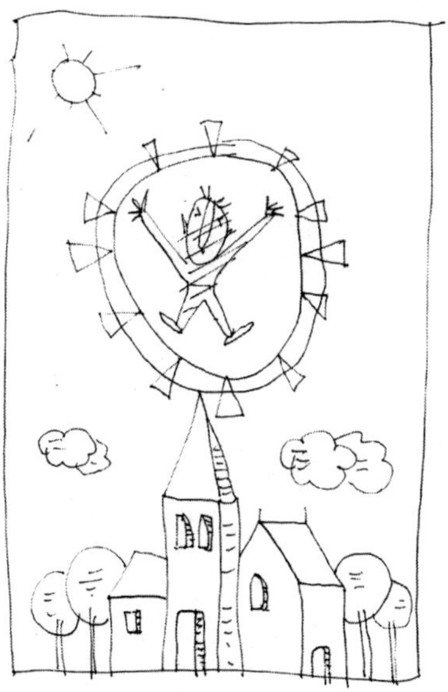

Aphaia - Tempel

Schwer ist der Weg
zwischen Disteln und Zypressen
aufwärts zum Tempel
dem feurigen Dorn im Auge des Mittags

Schwer ist der Weg
wenn wir unserer Schatten
schweigende Last
zum Heiligtum schleppen
Und dann
berauscht uns
der Atem der Steine
wie Weihrauch
Die Stille taucht ihre Lippen
am Fuß der Berge ins Meer
Wir ruhen aus von unserem Dasein
Salamander auf marmorner Stufe

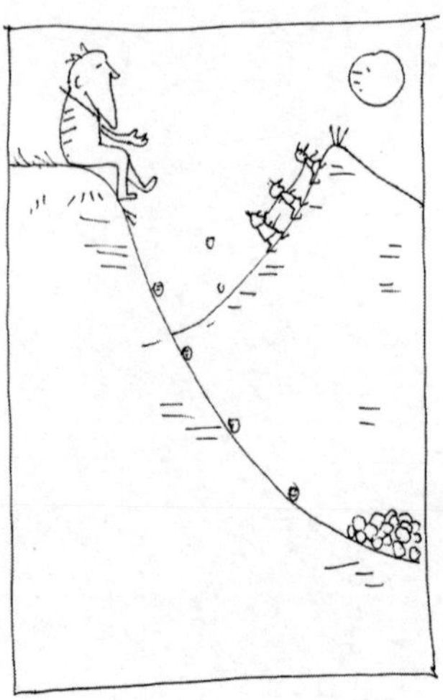

Auf dem Krisengipfel

Seltsam
wie er da oben hockte
auf dem Krisengipfel
mit seinem langen
unendlich weißen Bart
die Gedanken zu Kügelchen formte
und ins Tal rollen ließ

Die ganze Welt ist
voller Krisengipfel sagte er
einer prächtiger als der andere
Oft werden sie bestiegen von
Seilschaften schau hinüber sagte er
in die Wand über dem Geröllfeld
dort hängen sie
hoffnungslos verstiegen

Später unten am Gartenzaun:
Ich goss gerade die Blumen
(Baudelaire – fleurs du mal)
als mich eines der Kügelchen erreichte
Es hüpfte so seltsam über das Pflaster
(Armée du mal fiel mir ein - ein altes Wortspiel)

Wenn nur die Gedanken
nicht so hüpfen würden
von allen Berggipfeln kamen sie
Später über Mallarmé gegoogelt
die Blumen vom Bildschirm gepflückt

Sie standen auf den Türmen

Sie standen auf den
Türmen dieser Welt
 der Text erzeugt eigenständige Einfälle
fernher Glockenläuten
die Rufe des Muezzins
 eine sprachliche Schöpfung die auffällt
Sie flochten sich den Wind in das Haar
(sagte Rilke)
 sehr gut gelungen ist der Wortlaut „sagte Rilke"
und waren umgeben
von Horizonten über denen
die Bussarde kreisten
 es sollte aber noch größeres Augenmerk auf den Einfallsreichtum
In den Nächten aber
Feuer und Zelt
und das Ohr auf dem Schweigen der Steine
 und den bildhaften Ausdruck gelegt werden

(Die Einschübe beziehen sich auf das Gutachten eines Schreibseminars.)

Graue Tage

Sieben graue Tage
stehen um mich herum
Wochenstatuen
riesig und schweigsam

Was hilft mein Pfeifen
gegen ihr Schweigen?
Das Land in Tücher gehüllt
die Zeit schleicht
gedämpft durch die Gassen
Ab und zu das Niesen eines Kirchturms

Fern
sehr fern
sagt man
findet die Gegenwart statt

Wald Stille

1
So still hörte ich den Wald noch nie
Die Kronen der Bäume
schwer von Gedanken
Zwischen den Stämmen Moos
auf dem das Sonnenlicht schläft
die Äste wie Knochen
gestorbene Geister

2
Ein kleiner Vogel
fliegt mir voraus
Hinter dem Holunderstrauch
beginnen die Märchen

3
Sonnenstrahlen fallen
durch die Buchstabenritzen
spiegeln sich
in den Wörterpfützen
Was ist der Wald anderes
als ein großer Roman?
Jedes Blatt ein Wort
jeder Baum eine Geschichte
Der Glanz der Sonne
hingereckt im Moos
ein fliegender Teppich
über den ich taumle
schlaftrunkenes Tier

Begegnung

So treffe ich euch wieder
meine Gedichte
Am Waldrand die Zeilen über die Herbstsonne
beim Maisfeld die Strophen vom Abschied
im Hohlweg
zwei unglückliche Reimpaare

Da stehen sie
vom Herbstwind zerzaust
vom Regen durchnässt
die Krähen haben an ihnen herumgezupft
die Mäuse an ihren Wurzeln geknabbert

So treffe ich euch wieder meine Freunde
wie Bettler am Weg
und habe keine Kupfermünze übrig
und schaue weg
und will euch nicht kennen
Es steht nicht gut
um die Lyrik in diesem Land

Versuch über ein Musikstück

Töne
wie Lilien im Schilf
die mit grünen Zungen
die kühle Luft atmen
Ein Akkord in die
Stille des Teiches geworfen
Aufrauschende Dissonanzen
dunkelglänzende Blicke im Blätterwald
Neugier und Trauer
geflügelte Sehnsucht

Modulationen
den Weg querend
witternd wie Füchse
ins Dickicht hinein
Kein Schuss kein Schrei
verendendes Crescendo
Applaus ohne Echo

Am Meer

Traumtränen im Klippengestrüpp
knisternder Zeitschaum
Himmelshaut umspannt uns
gläserne Kühle

Die Sonne zersplittert auf den
Wellenkämmen
Wir stürzen uns in den
Atem des Tieres

Übers Schneefeld

Übers Schneefeld gewandert
auf dem Hundegebell lag
wie Nebel

Spuren
vergänglich
hatten Romane geschrieben im Schnee
auch eine Kindergeschichte darunter
Der Schluss verliert sich im Wald
Den Kometen
nach dem ich gesucht hatte
fand ich nicht

Morgen setzt Tauwetter ein

Und immer diese Unschärfe

Und immer diese Unschärfe
dieses Verschwimmende
in den Wasserpfützen
zwischen den Steinen

Mein Ich ist ein Punkt
unendlich klein unendlich groß
Sperma gestorbener Sterne
zu neuer Ordnung verwoben
gestorben für mich für mein unscharfes Ich

Schneematsch unter meinen Schuhen
Straßenbahn in der Ferne verschwimmend
der Goldene Saal und das
Leuchten des Mordsteins

(Friedrich Mordstein, 1920 – 2010,
Philosophieprofessor in Augsburg, gab
Vorlesungen im „Kleinen Goldenen Saal".)

Kiesel

Und was ist mit den ungeborenen Wörtern?
Und was ist mit den Dingen die keine Namen
haben?
Alle Dinge haben Namen
aber nicht alle Namen haben Dinge sagte er

Wir standen am Ufer warfen
Kiesel in den Fluss
Dann fanden wir auch die anderen:
Kasel Kusel Küsel Kubel später auch
Muselkusel und Masenkübel
manche rau manche glatt manche rund manche
eckig

Jedem Stein sein Name sagte er
sieh wie dankbar sie sind
Der Kusel ist Sieger sagte ich
er ist am weitesten geflogen

Novembertag

An diesem Novembertag
laufen unter meinen Schritten
die Wege dahin
dreht sich die Erde
tauchen ferne Horizonte
auf und verschwinden

Das Land balanciert auf meinem Atem
zwischen den Feldern einsame Bäume
auferstandene Krieger aus vergangenen
Schlachten
Grasheere auf den Wiesen
drüben die Phalanx des Waldes

An diesem Novembertag
laufen unter meinen Schritten
die Wege dahin taumeln die Horizonte
dreht sich die Erde durchs All

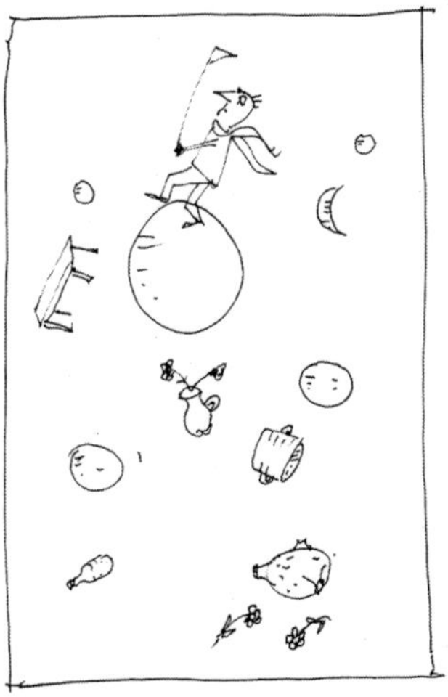

Landschaft am Morgen

Vereinzelte Gehöfte Hügel
dahinter der Himmel
Der neue Tag legt mir seine Pfoten aufs Knie
Auf vier Beinen trippelt die Landschaft
an meinem Fenster vorbei
Ihre Spuren sind weiße Leerstellen
die sich mit Erinnerung füllen

Vergissmeinnicht

Vergissmeinnicht! rufst du mir zu
Wie könnte ich dich vergessen
dich mit deinen strahlenden Augen
Der Himmel ist nur
ein schlechtes Plagiat
deiner Bläue
Augen in denen man ertrinken möchte
wie in einem lauwarmen See

Vergissmeinnicht! rufst du mir zu
Nein ich vergesse dich nicht
verspreche ich
und wandere weiter
am Bachufer entlang

Ob du mich vergisst?

Weltwanderung

Was drehst du dich um?
Bleibe stehen dann
dreht sich die Erde um dich
So wie Marco Polo der Jongleur
die Welt auf den Fingerspitzen balancierte
Stadt um Stadt zauberte er aus dem Ärmel
Länder vor denen das Reich Kublai Khans
verblasste

Teile sie nicht
die Irrtümer dieser Welt
Das Quaken des Frosches ist nicht
die Stimme der Nachtigall
und das Geschenk des Kaisers von Japan
vertreibt nicht die Schönheit aus dem Palast

Damals war die Stadt noch nicht verboten
und der Platz davor nicht rot von den
Stiefeln der tausend Völker
Er aber wurde wieder geboren
und hieß eine Zeitlang Longfellow Clemens
und maß die Tiefe des Wassers
und hörte das Flüstern des Golem in Prag
das Wandern der Kiesel am Grund

Dreh dich nicht um
Schließe die Augen
dann dreht sich die Erde um dich

Was ist die Zeit

Was ist die Zeit mehr
als ein aus winzigen Facetten zusammengesetztes
Etwas
in den Raum gestellt
um sich hier auszutoben

Unser Bewusstsein versucht sie zu zähmen
wie ein Zirkusreiter in der Arena
denke ich während die Schnecke
langsam
über den Weg kriecht
ihre winzige Portion Bewusstsein
mit sich schleppend

Und wie ich weitergehe
kommt mir plötzlich
der Verdacht dass sie die Zeit
bereits gezähmt hat

Eilige Frage

Was ist los mit der Zeit?
Die Tage fallen ein in das Jahr
wie Stare in den Kirschbaum
Eilig hasten die Morgenstunden aus dem Haus
Wer weiß was sie tagsüber treiben
Und dann
die Stunden am Abend
bleich und zerknittert
Die Zeit
was ist nur in sie gefahren
Sie hat keine Zeit mehr
Ich renne ihr nach
will sie fassen
mit den Fingern
mit den Händen
und habe nur
Vergangenheit in den Fäusten

Gnade für Denker

Welche Gnade sagte er
einsträngig denken zu können
Er schaffe das nicht
Er denke immer mehrere Dinge gleichzeitig

Wenn er sprach sprach er von etwas
an das er nicht dachte
Wenn er dachte dachte er an etwas
wovon er nicht sprach
Die Leute nannten ihn zerstreut
Er dachte nicht nur in die
Länge und Breite
sondern auch in die Tiefe
Seine drei Dimensionen
schlossen die vierte Dimension ein
Darunter litt er
Einsträngig denken zu können sagte er
ist eine Gnade

Mondvögel

Wenn der Mond lernt
sich zu verbergen
oder uns die Zunge herauszustrecken -
warum sollte er es nicht lernen?

Auch die Vögel sind gelehrig
Ich sitze auf der Bettkante
und halte die Mondsichel in der Hand
Vor dem Fenster fliegen die Nachtvögel vorbei
ein ganzer Schwarm
Wer hat sie wieder aufgescheucht?
Die Mayröcker? Jandl?

Sie schleichen nachts durch meinen Garten
und wollen die Mondblumen schneiden
aber ich gebe meine Sichel nicht her
In hellen Nächten schwärmen die Vögel aus
um die Himmelskörner zu fressen
Ein schwarzes Begehren schreit durch die
Voliere

Weltsicht

Wir betrachten den Regenbogen
als Mittel zur Entgiftung der Hemisphäre
Wie ordentlich wäre die Welt
ohne diese hässliche schwarze Energie
Luftlöcher im Käse unserer Weltanschauung
(Quark – ständig getreten)

Irgendwo in einem Hinterzimmer unseres
Gedankenhauses
häkelt Newton an seiner Weltsicht
im Garten der Lüste wirft Galilei
Äpfel vom Baum der Erkenntnis
an einem Ast Nostradamus der dreimal
Gehenkte

Wie einfach wäre die Welt
wenn es diese hässlichen schwarzen Löcher
nicht gäbe
die menschliche Zivilisation
und das Verlöschen der Sonne
im Meer bei Kap Sunion

Kurze Bemerkung

Wir müssen Pflöcke einschlagen
sagte er
und die Sprache anbinden
damit sie nicht davonläuft

Nun rennen die Wörter
im Kreis herum
und ich weiß nicht
wo mir der Kopf steht